Tokio

GUÍA DE LAS MEJORES EXPERIENCIAS

ESCRITO POR FANY Y AMANDINE PÉCHIODAT
COESCRITO POR IWONKA BANCEREK
ILUSTRADO POR KANAKO KUNO

EDITORIAL JONGLEZ

Guías de viaje

鰹
鯟
鯛

"EL SABOR DE JAPÓN
ES EL DE UN GRANO
DE ARROZ.

HAY QUE MORDERLO
CON DELICADEZA.

Y LLEGAR
A SU CORAZÓN."

FRANÇOIS SIMON

EN ESTA GUÍA
NO VAS A ENCONTRAR

- el número de teléfono de la Oficina de Turismo de Tokio
- la traducción japonesa de "comprar un billete de metro"
- la lista de medicamentos que te tienes que llevar

EN ESTA GUÍA
SÍ VAS A ENCONTRAR

- el número de teléfono del mejor sushi de Tokio
- la traducción japonesa de "tomar un baño de bosque"
- el cóctel de tu vida
- un restaurante secreto en Shibuya
- un salón de té oculto detrás de una floristería
- el mejor masaje de cabeza
- la librería más pequeña del mundo

LOS SÍMBOLOS DE **TOKIO**

< 40 euros

de 40
a 80 euros

> 80 euros

no hablan inglés.
pide a tu hotel
(o a algún amigo
japonés) que reserve

100% Japón
tradicional

mejor aún
en pareja

a menudo vas a tener que enseñarle al taxista la dirección de los sitios, así que te la ponemos en japonés en todas las páginas

---

Los horarios de apertura suelen variar, por lo que recomendamos consultarlos directamente en la página web del lugar que vaya a visitar.

¿CÓMO FUNCIONA **ESTA GUÍA?**

UNA CIUDAD RASTREADA

+

UNOS ENCUENTROS CURIOSOS
(un maestro del té verde, una creadora de emociones, un chef con estrella hijo de una geisha)

+

CENTENARES DE LUGARES PROBADOS

−

LUGARES DEMASIADO CONOCIDOS ELIMINADOS

+

DESCONOCIDOS SEGUIDOS POR INTUICIÓN

+

MILES DE SUSHIS ENGULLIDOS

+

LITROS DE TÉ VERDE

+

UNA ILUSTRADORA NATIVA DE LA CIUDAD

+

KILÓMETROS DE CALLES RECORRIDAS

−

ALGUNOS CALLEJONES SIN SALIDA

=

Los 30 mejores lugares de Tokio

30 EXPERIENCIAS

01. Beberte el cóctel de tu vida
02. Un salón de té en medio de las flores
03. El mejor concept store de Tokio
04. Un restaurante-escondite en Shibuya
05. Pasar la noche en la estantería de una biblioteca
06. El sushi favorito de François Simon
07. Un baño tradicional japonés rodeado de plantas
08. El chef con estrella que no hace nada como los demás
09. 1 233 tonos de papel
10. Comer en un jardín japonés
11. La librería más grande del mundo
12. La librería más pequeña del mundo
13. Sencillamente mágico
14. Celebrar tu "falso" cumpleaños
15. Un bar de música atemporal
16. Cenar en el restaurante de unos ancianitos
17. Dar una vuelta en bici en Tokio
18. Beber un zumo de *yuzu* en el museo Nezu
19. Mini calle maxi borrachera
20. Un descanso del ajetreo de la vida urbana
21. Pasar unas horas en el hotel del amor
22. Pasar una noche en el viejo Tokio
23. Escuchar música clásica en un bar des las años 1950
24. Hacer un *head spa*
25. Postular para un restaurante
26. Comer el mejor bocadillo de tu vida
27. Comer arte
28. Salir de la ciudad para pasar una noche mágica
29. Dormir en un hotel cápsula
30. El museo más loco

新宿 Shinjuku
千代田 Chiyoda
港 Minato
品川 Shinagawa
東京 TOKYO
Kanako
7
17
22
24
29
20
8
18
4
6
2
15
13
12
9
1
10
26
30

#01

BEBERTE EL CÓCTEL **DE TU VIDA**

Cuando bebes un cóctel en Gen Yamamoto, piensas que nunca habías tomado un cóctel en tu vida.

Sentados en su minúsculo bar y sus ocho taburetes asistimos, en un silencio monacal, a una ceremonia de mixología única: una procesión delicada de gestos atentos en la que Gen Yamamoto corta con precisión el *yuzu*, desviste el tomate, dosifica la ginebra y el *sake* con una minuciosidad de genio loco.

Mandarina, vodka con leche y judías japonesas, fruta de la pasión, *whisky* de Kioto: en seis cócteles verás pasar encuentros deslumbrantes tan memorables como inesperados.

GEN YAMAMOTO
1-6-4 AZABU-JUBAN, MINATO-KU
ANNIVERSARY BUILDING 1F

東京都港区麻布十番1-6-4
アニバーサリービル1F

Reserva obligatoria por e-mail
office@genyamamoto.jp
genyamamoto.jp
+81 3-6434-0652

4 cócteles : 5 500 yenes
6 cócteles : 7 500 yenes

#02

UN SALÓN DE TÉ **EN MEDIO DE LAS FLORES**

A primera vista parece un florista de barrio simpático y encantador, pero detrás de los ramos, bajo un invernadero de flores, se esconde una casa de té totalmente *zen*. Las camareras llevan delantales de tela, como los de las floristas, y reparten teteras llenas de té de flores recién cortadas. Muy recomendable para recuperar el aliento entre dos recados frenéticos en Tokio.

AOYAMA FLOWER MARKET TEA HOUSE
5-1-2 MINAMI-AOYAMA, MINATO-KU

東京都港区南青山5-1-2

+81 3-3400-0887
Se aconseja reservar

afm-teahouse.com/aoyama

AOYAMA FLOWER MARKET TEA HOUSE

AOYAMA
FLOWER
MARKET
TEA HOUSE
TEA
TEA
HOUSE
HOUSE
AOYAMA
FLOWERMARKET

#03

EL MEJOR **CONCEPT STORE DE TOKIO**

Abierto en 2017 en el barrio de Omotesando, Call (la contracción de *creation* y *all*) parece una alegre tienda donde trabajan tres generaciones: la vendedora más joven tiene 20 años, la más mayor, 83. A Minä le gusta mezclar generaciones en todas sus tiendas y contrata a mucha gente jubilada que no quiere dejar de trabajar. En Call te paseas de sala en sala y descubres una tienda de comestibles, un restaurante con terraza en lo alto y un taller de telas.

CALL
(Entra por el edificio Spiral, toma el ascensor de la izquierda y sube a la 5ª planta)
5-6-23 MINAMI-AOYAMA, MINATO-KU, SPIRAL 5F, 5° PISO

東京都港区南青山5-6-23
SPIRAL5階

+81 3-6825-3733

mp-call.jp

CALL

#04

UN RESTAURANTE-ESCONDITE **EN SHIBUYA**

Los románticos empedernidos se enamoran tres veces al día. A Yuri Nomura le ocurre en cada comida. Estudió en Inglaterra y lavó muchas ollas en cocinas de París y de San Francisco (en el famoso restaurante Chez Panisse de Alice Waters) antes de regresar para abrir su restaurante Eatrip, pequeño oasis de vegetación oculto en el bullicioso Shibuya. Bajo el techo de cristal, sobre unas mesas grandes de madera, se comen platos sencillos, llenos de color y de ternura, hechos con alimentos orgánicos, locales y de temporada. ¿En qué se inspira? En la cocina de su infancia, en la que busca los recuerdos y las emociones. No se puede ir a Tokio y no cenar en su restaurante.

EATRIP
6-31-10 JINGUMAE
SHIBUYA-KU, 1F

東京都渋谷区神宮前6-31-10

+81 3-3409-4002
shibuya@mail.com
Reserva obligatoria

restaurant-eatrip.com

- YURI NOMURA -

COCINERA DE EMOCIONES

Fascinada por el vínculo entre lo que sentimos y lo que comemos, Yuri va a crear un laboratorio de emociones. Un encuentro magnético.

¿Cómo era de niña?

Era muy golosa. Mi madre tenía una escuela de cocina. Eso significa que siempre he vivido rodeada de gente a la que le "gusta comer". Y es verdad que me interesaba la cocina, pero nunca pensé que sería mi profesión. Para mí, la cocina era "cosa de chicas", ¡y a mí me gustaban más los *boys talk*!

Luego me fui a estudiar a Inglaterra. Cuando regresé tenía ganas de empezar a cocinar.

¿Qué es lo que más le ha influido?

Primero, el compartir. Cuando se trabaja codo con codo se crea una comunidad, y eso es lo que nos da fuerza. Para mí la cocina es la mejor herramienta para conocer gente afín a mí, que comparte las cosas que me gustan. Y también la cocina familiar.

¿Qué significa para usted la cocina?

Es una cocina de corazón, no tiene que ser algo sofisticado. El laboratorio de emociones que voy a crear va a ser un lugar de actividades culinarias que despertará emociones y recuerdos a través del sabor de un plato.

¿Cuál es el plato de su infancia?

Una tarta mimosa que mi madre cocinaba para los invitados. Siempre había una en la nevera para recibir a los visitantes, que eran numerosos. Y yo, a lo largo del día, cogía un trocito, luego otro trocito...

¿Cuál es el plato universal de los niños en Japón?

¡La sopa miso!

Pronto voy a abrir un laboratorio de emociones

JONATHAN SAFRAN FOER
電車男

#05

PASAR LA NOCHE EN **LA ESTANTERÍA DE UNA BIBLIOTECA**

No hay nada más delicioso que dormirte haciendo lo que más te gusta en el mundo. Para los arquitectos Makoto Tanijiri y Ai Yoshida, es leer. En la 7ª planta de un edificio de oficinas, han creado una biblioteca con unas minúsculas habitaciones cápsula para pasar ahí la noche o para descansar echándose una siesta.

Elige tu libro, un *manga*, una novela de viajes o de aventuras en inglés o en japonés, métete en la cama y cierra la cortina.

BOOK AND BED TOKYO
1-17-7, NISHI IKEBUKURO, TOSHIMA-KU
LUMIERE BUILLDING 7F

東京都豊島区西池袋1-17-7 ルミエールビル7階

Desde 5 000 yenes la noche:
500 yenes la hora
o 1 500 yenes las 4 horas

bookandbedtokyo.com/en/tokyo

* las camas no están disponibles para quedarse durante el día

GO
CHIP KIDD
ESPAÑA OCULTA
AKIRA
AKIRA
AKIRA
AKIRA
鹿児島は
豊かである!

4F
LUTELLA

#06

EL SUSHI FAVORITO **DE FRANÇOIS SIMON**

Nunca habríamos oído hablar de este sushi si no fuera por François Simon, el gran crítico gastronómico que detecta joyas de restaurantes en el mundo entero.

Esta, la encontró en el barrio de Omotesando. Makoto, el jefe, lleva currándoselo 50 años: preparó sushis en todos los rincones de Tokio antes de abrir este pequeño y discreto restaurante de encanto que cuenta con un alegre equipo. Entra y di: *omakase*, que significa "me pongo en sus manos", y da carta blanca al maestro del sushi. Entonces empezarán a circular delante de tus ojos sushis, sashimis, pescados a la parrilla, sardinas, lenguados, pulpos, gambas, atunes... De 12 a 15 piezas en total hechas con una amabilidad y una delicadeza sin igual.

KIDOGUCHI SUSHI
5-6-3 MINAMIAOYAMA
MINATO TOKYO, B1F

東京都港区南青山5-6-3 メゾン
ブランシュ半地下

+81 3-5467-3992
Reserva obligatoria

Comida: 3 000 yenes
Cena: 20 000 yenes

- FRANÇOIS SIMON -

CRÍTICO GASTRONÓMICO

François Simon es el crítico gastronómico enmascarado de París. Todo el mundo sabe de su existencia, pero nadie lo ha visto. Prueba todos los restaurantes a escondidas. Viaja sin parar a Japón y conoce Tokio como la palma de su mano.

¿Qué es lo que más te fascina de Japón?

Japón me ha enseñado a volver a mi infancia. Hace 25 años que viajo a Japón y me percaté de que tenía una idea demasiado precisa sobre este país. Casi deseaba que me preguntasen "Oye, ¿qué opinas de Japón?", porque tenía respuestas para todo. Y de hecho me doy cuenta de que no sé nada. He olvidado todo para volverme un niño, con mis ojos y mi memoria como únicos recursos, sin que la inteligencia tenga que venir a inmiscuirse para estructurarlo todo.

¿A qué sabe Japón?

Con el tiempo menos sé, y eso me agrada

Lo interesante de un grano de arroz, cuando lo muerdes, es poder aislar el corazón blando de su cáscara.

A un grano de arroz

La última vez que viajaste a Japón fuiste a...

... Sapporo. Al principio tenía que ir a probar un restaurante chic y le dije a mi amigo que quería conocer el auténtico Sapporo. Así que fuimos a un restaurante bohemio, una especie de lugar para estudiantes alegre y un poco polvoriento, donde bebimos *sake* y charlamos en todos los idiomas. Así es cómo, para mí, uno consigue llegar "al fondo del grano de arroz".

¿Cómo recomiendas que viaje una persona?
Subiendo dos montañas: la de los prejuicios y la de la comodidad. Porque al otro lado de esas montañas hay una recompensa maravillosa: todo está por descubrir. Por ejemplo, ir a por un *onigiri* a las 2 de la mañana al 7-Eleven, viajar en los lentos trenes regionales en vez de en el Shinkansen, comprar el *bento* en la estación y comértelo en el tren mientras miras el paisaje, dormir en albergues juveniles, ir a barrios desconocidos, a museos donde no va nadie... En resumidas cuentas, esforzarte por hacer algo que te incomoda, pero que hace que ganes en conocimiento.

Te sientes insignificante, entonces te callas y degustas Japón en silencio

Salirte de lo que eres y dejar que Japón infusione en ti

#07

UN BAÑO TRADICIONAL JAPONÉS
RODEADO DE PLANTAS

Okada-yu, comúnmente conocido como el *sentō* (baño público) botánico por las numerosas plantas que embellecen el lugar, es perfecto para vivir la experiencia de un baño tradicional japonés.

Gestionado por la tercera generación de la misma familia, ofrece distintos tipos de baño: masaje con chorro, baño de madera de *hinoki* (ciprés japonés), baño frío, baño de nanoburbujas (que deja la piel increíblemente suave), sauna, hammam y un baño al aire libre para hombres.

La zona de relajación incluye biblioteca amplia y agradable, así como un bar pequeño.

OKADA-YU
3-43-2 SEKIBARA
ADACHI CITY

東京都足立区関原3-43-2

+81 3-3886-3444

okadayu.com

ONSEN
GUÍA PRÁCTICA

El baño caliente es el pasatiempo favorito de los japoneses. Antes o después de la cena, para "lavarse el espíritu", van en familia a un *onsen* (manantial de agua caliente en plena naturaleza) o a un *sento* (baño público de barrio). Hay un baño para mujeres y otro baño para hombres. Cada uno lleva su cubo bajo el brazo para lavarse y una toalla alrededor de la frente para protegerse el pelo o refrescarse la cabeza.

Desvístete:

está prohibido llevar traje de baño
(y tener tatuajes también).

Tu único accesorio:

una micro toalla para ponértela en la cabeza.

Ve a las duchas

Coge un cubo

Siéntate en un banquito

y lávate muy bien.

Sumérgete en el baño

Cuidado: el agua está muy caliente, a unos 42 grados, a veces más.

© PAOLO STA. BARBARA

#08

EL CHEF CON ESTRELLA **QUE NO HACE NADA COMO LOS DEMÁS**

Den es el único chef con estrella Michelin que tiene sentido del humor. Si preguntas a Passard por su restaurante favorito en Tokio, te pasa con discreción esta dirección. Su restaurante está entre los 50 mejores del mundo. En cada uno de sus platos ocurre algo increíble que hace que los clientes se rían automáticamente. Un emoticono tallado en una zanahoria, una hormiga escondida adrede en una ensalada... Tiene mucho humor y se lo toma muy en serio para tenerlo. Su obsesión: rejuvenecer la imagen que la cocina tradicional japonesa tiene entre los jóvenes. Y funciona.

JIMBOCHO DEN
2-3-18 JINGUMAE, SHIBUYA-KU
ARCHITECT HOUSE HALL JIA

東京都渋谷区神宮前2-3-18 建築家会館JIA館

+81 3-6455-5433
Reserva obligatoria

jimbochoden.com

- DEN -

CHEF CON ESTRELLA

¿De dónde le viene esa manera tan sorprendente de cocinar?

De mi madre, que es *geisha*. Me enseñó a cocinar, pero sobre todo el arte de entretener a los clientes. Nunca he estudiado en una escuela de cocina, pero hice mis primeras prácticas en su *ryotei* (restaurante dirigido por *geishas*). Los clientes, que estaban compinchados con ella, devolvían constantemente mis platos a la cocina, para enseñarme a ser humilde. Comprendí que no tenía que cocinar pensando en mí, sino en el cliente. Porque si pienso en él, él pensará en mí.

¿Qué tipos de platos cocina?

Solo sé cocinar comida japonesa tradicional. Sin embargo, me he dado cuenta de que los jóvenes ya no comen este tipo de comida. Tiene demasiadas reglas. Me pareció una pena, así que decidí ponerla de moda, convertirla en algo divertido, sin tabúes. Para mí, la cocina tiene que

Mi madre es geisha

ser un idioma. En mi restaurante, quiero que se sientan como en casa. De hecho, a menudo personalizo mis platos con un dibujo, una imagen, un nombre, algo que conozco de mi cliente.

¿Cómo se imagina la creación de sus platos?

Lo hablo mucho con mi equipo y creamos juntos según nuestro humor del momento. Por ejemplo, como en Japón no se bebe café después del postre, he reinventado una taza Starbucks para hacer un postre con sabor a cappuccino-trufa totalmente sorprendente. Como perdí una estrella Michelín el año pasado, lo he llamado "Starbacks", ¡con la esperanza de que me ayude a recuperar la estrella!
Cada plato tiene su historia. En cuanto a la hormiga en la ensalada la puse adrede porque es algo que recuerda a la comida de nuestros ancestros japoneses.

¿Cuál es el mejor consejo que le han dado en su vida?

"Lo único constante en la vida es el cambio".
Es un consejo de mi madre, en el que pienso cada vez que cocino. Hoy tiene 59 años. ¡Y sigue siendo *geisha*!

CRÉDITOS : CITY FOODSTERS

#09

1 233 TONOS **DE PAPEL**

Fundado en 1904, es un templo del papel repartido en 10 plantas: 1 000 tonos de colores en forma de sobres, cuadernos, papeles para *origami*, papeles regalo (el famoso *washi* japonés), tarjetas postales, tarjetas de felicitación. De hecho, los colores no son números, sino nombres atípicos: piel de cordero, sirenita.

Artistas, escritores y diseñadores acuden a esta tienda para abastecerse. Nosotros hemos salido con 17 bolígrafos, tres kilos de papel y cinco cuadernos para llenar de apuntes.

Nuestras dos plantas favoritas:
La 2ª, "Letters", dedicada al envío de correo, tiene hasta sellos y un buzón.
La 10ª, "Farm", donde hay un huerto de lechugas frescas con las que hacen las ensaladas que sirven en el restaurante que está justo encima.

ITOYA
2-7-15 GINZA, CHUO-KU

東京都中央区銀座2-7-15

+81 3-3561-8311

ito-ya.co.jp

P270
P280
P390
P400
P510
P520
P640

ITOYA

#10

COMER EN **UN JARDÍN JAPONÉS**

Si te chifla el tofu, puedes satisfacer tu tofumanía en Tofuya Ukai, un restaurante tradicional y su jardín japonés inspirados en el periodo Edo. Las camareras llevan incluso el *hakama*, el kimono de las chicas trabajadoras, que consta de un pantalón largo con pliegues que les permite caminar con más facilidad.

El tofu, casero, desfila en todas sus variantes: *age-dengaku* (frito y luego asado al carbón de leña y cubierto de miso dulce y salado), *tosui-tofu* (mezclado con leche de soja y servido en un cuenco de cerámica) o *yuba* (en corteza de tofu, la especialidad de Kioto).

Te sientas en unos *tatamis* frente al magnífico jardín japonés, la puerta corredera se cierra y comienza la larga ceremonia de platos.

TOFUYA UKAI
4-4-13 SHIBA-KOEN, MINATO-KU

東京都港区芝公園4-4-13

+81 3-3436-1028
Reserva obligatoria

ukai.co.jp/english/shiba/

¿QUÉ ES EL PERIODO EDO?

Es un periodo importante en la construcción de la cultura japonesa porque es el momento en el que el país se cerró a las influencias extranjeras y desarrolló su cultura local (entre 1603 y 1868). Fue principalmente durante el periodo Edo cuando nació la artesanía del Japón tradicional actual.

主任 大川

TOFUYA UKAI

JAZZ
JAZZ
JAZZ
JAZZ
BLUE NOTE

LA LIBRERÍA MÁS **GRANDE DEL MUNDO**

Tres gigantescos edificios por los que pasa la Magazine Street, con sus 55 metros de largo. La librería Tsutaya Daikanyama, considerada una las 20 librerías más bonitas del mundo, es el templo de los amantes de las revistas, un laberinto moderno de seis plantas con todo lo que puede existir en cuestión de lectura, tanto japonesa como internacional: literatura, cocina, viajes, automóviles, arte, arquitectura, música, y todo ello abierto hasta las 2 de la mañana. Alucinante, ¿no?

Consejo: no te olvides de subir a la primera planta del edificio central, donde descubrirás la librería Anjin, un espacio *lounge* donde te podrás sentar a descansar en unos grandes sofás, beber algo y hojear una de las 30 000 revistas *vintage* traídas de todas las partes del mundo.

TSUTAYA
16-15 SARUGAKUCHO
SHIBUYA-KU

東京都渋谷区猿楽町16-15

+81 3-3770-2525

real.tsite.jp/daikanyama/english/

#12

LA LIBRERÍA MÁS **PEQUEÑA DEL MUNDO**

Una habitación con solo un libro: es el precepto de esta micro-librería devota del minimalismo a la japonesa. Cada semana, un nuevo libro, un nuevo universo, ya que el espacio se adapta al libro que se expone. Puedes comprar el libro, pero también conocer a su autor y los objetos relacionados con su libro.

MORIOKA SHOTEN & CO
1-28-15 GINZA, CHUO-KU
1F SUZUKI BUILDING

東京都中央区銀座
1–28–15 鈴木ビル 1F

+81 3-3535-5020

#13

SENCILLAMENTE **MÁGICO**

En una callejuela de Ginza hay una puerta que da a una salita totalmente oscura con una mesa grande y ocho sillas. Entras y te sientas. Primero, se escuchan sonidos misteriosos, luego, en las paredes, aparece un bosque de bambú, unas flores van creciendo, unas mariposas vuelan. Nievan pétalos en tu mesa, que se convierte en un río, mientras que tu plato echa a volar cual mariposa. Estás en el restaurante digital MoonFlower Sagaya Ginza, Art by teamLab. Hay muy pocos en el mundo y este es el más asequible. Es caro, pero es tan bonito, mágico y delicioso, que merece la pena cruzarse el mundo entero para conocerlo.

MOONFLOWER SAGAYA GINZA, ART BY TEAMLAB
2-5-19 GINZA, CHUO-KU
6F, PUZZLE GINZA

東京都中央区銀座 2-5-19
PUZZLE 銀座 6F

+81 3-6263-2525
Reserva obligatoria

moonflower-sagaya.com

MOONFLOWER SAGAYA GINZA,
ART BY TEAMLAB

#14

CELEBRAR TU "FALSO" **CUMPLEAÑOS**

En una calle concurrida del barrio de Shibuya hay dos restaurantes, uno enfrente del otro: en uno, los dueños son hombres, en el otro, mujeres. En el de los hombres se come pescado en un ambiente tranquilo; en el de las mujeres, se sirven las brochetas cantando. Dos tipos de cocina, dos ambientes que se pican mutuamente para atraer el máximo de clientes. Nosotros hemos elegido nuestro bando: el de las mujeres, que tiene una ventaja importante, la de celebrar los cumpleaños como nadie.

Un consejo: llama, di que es el cumpleaños de alguien de tu mesa... no te contamos lo que ocurre luego.

TEPPEN ONNA DOJO
41-23 UDAGAWA-CHO
SHIBUYA

東京都渋谷区宇田川町
41-23　第二大久保ビル1F

+81 3-5428-3698
Se aconseja reservar

A partir de 2 000 yenes

使用

15

UN BAR DE MÚSICA ATEMPORAL

La pasión por los discos de vinilo, el compromiso de coleccionarlos y el deseo de compartirlos con otros: estos son los ingredientes que hacen que Tokio sea la meca de los bares musicales, y el Grandfather's es el mejor ejemplo.

En esta pequeña taberna situada en el sótano de un edificio de Shibuya pierdes rápidamente la noción del tiempo: la tenue iluminación, las bebidas, la música... Espera, ¿en qué año estamos?

Detrás de la barra, el Sr. Ishikawa, elegante y meticuloso, selecciona uno de sus 2000 discos de rock, soul y funk para meterlo en el tocadiscos. La regla es sencilla: poner solo una canción del disco y luego cambiar a otro. Y así es desde 1971.

GRANDFATHER'S BAR
B1F FLAT BLDG, 1-24-7 SHIBUYA, SHIBUYA-KU

東京都渋谷区渋谷1-24-7渋谷フラットビルB1

+81 3-3407-9505

grandfather.jp/shibuya
info@grandfather.jp

LOS *JAPONISMOS*

Hay palabras que solo existen en Japón que describen
un estado de ánimo, un humor, un sentimiento
que solo la cultura japonesa sabe percibir.
Te hemos seleccionado nuestros seis *japonismos* favoritos.

Komorebi

木漏れ日

---

*RAYOS DE SOL

La luz del sol que se filtra a través de las hojas de los árboles.

Shinrinyoku

*BAÑO DE BOSQUE

Tomar un baño de bosque.

Pasearse por el bosque donde todo es silencio, paz y relajación.

Yuugen

幽玄

*LA BELLEZA DE UN LUGAR

La percepción del universo que despierta emociones demasiado misteriosas y profundas para poder expresarlas con palabras.

Shoganai

しょうがない

*LOS AVATARES DE LA VIDA

"¡Qué le vamos a hacer, es así!". Es la aceptación de que, de todos modos, algo está fuera de nuestro control y hay que avanzar sin resquemor.

Hijiame

肘雨

---

*LLUVIA DE CODOS

En Japón hay 50 nombres distintos para la lluvia, pero nuestro favorito es la "lluvia-codo": lluvia tan repentina que no da tiempo a sacar el paraguas y hay que protegerse con los codos.

Wabisabi

わびさび

---

*BELLEZA DEL TIEMPO QUE PASA

¿Es imperfecto, es efímero, está desgastado por el tiempo? Eso es lo bonito. Esa estética del tiempo que pasa se llama *wabisabi*.

SOSAIBOU
4-1-9 MEGURO-HONCHO
MEGURO-KU

東京都目黒区目黒本町4-1-9

+81 3-3710-4336
Reserva obligatoria

Menú fijo a partir de 7 000 yenes

#16

CENAR EN EL RESTAURANTE **DE UNOS ANCIANITOS**

Pero ¿dónde estamos, exactamente? ¿En su salón? ¿En su cocina? ¿En su restaurante?

Katsuro y Mieko son los dueños de Sosaibou. Él, el poeta, sirve platos que parecen vías lácteas. Ella, la fiestera, sirve el *sake*. Deben tener unos 80 años y no pueden vivir el uno sin el otro: dos ancianitos excéntricos que sirven desde hace 33 años comida *zen*, inspirada en los monjes.

En sus platos, todos los colores, todas las formas, todos los sabores se mezclan: para él, a veces hay cosas amargas, a veces cosas dulces, y hay que aceptarlo.

Un lugar donde conviven la alegría, la sabiduría y... la ebriedad.

¿QUÉ ES LA COCINA *ZEN*?

En japonés, se dice *shojin ryori:* la cocina de los monjes, una filosofía de 800 años de antigüedad, que se inspira en la estacionalidad y que prohíbe la carne, el pescado, la cebolla, el puerro, el ajo y otras raíces, porque cosecharlas causaría la muerte de estas verduras.

TOKIO,
A LAS 5 DE LA MAÑANA

#17

DAR UNA VUELTA **EN BICI POR TOKIO**

Yanaka es el barrio más antiguo de Tokio, uno de los pocos que han conservado sus templos, sus casas de madera y sus tranquilas callejuelas, invadidas por el tintineo de las bicis... Hablemos de bicis: haz como los habitantes de Yanaka y regálate un paseo por el barrio alquilando una bici en Tokyobike. Este espacio de diseño, que también es un café y una tienda *lifestyle*, está dedicado a los numerosos amantes de las bicis en Japón, los que se las llevan a todas partes, en el metro, a la oficina, e incluso duermen con ellas. Prueba de ello, su cuenta de Instagram @tokyobike_ jp dedicada por completo a las bicis.

TOKYOBIKE
4-2-39 YANAKA, TAITŌ

東京都台東区谷中4-2-39

+81 3-5809-0980

tokyobikerentals.com

HALVA
BOSPHORE

ときわ
ときわ
ときわ
ときわ
ときわ
2-9
Asahi
大 ASAHI BEER 20
二喜鮨

5 COSAS PARA HACER EN BICI EN YANAKA

- meditar en el jardín *zen* del templo Nexu, un santuario sintoísta tradicional;

- visitar SCAI THE BATHHOUSE, una galería de arte contemporáneo construida en un antiguo *onsen*;

- descubrir los paraguas invertidos y otros objetos de diseño de la tienda de artesanía KONCENT Kuramae;

- degustar y comprar té en Nakamura Tea Life Store, una casa de té tradicional;

- crear tu propia agenda a medida o tu color de tinta favorito en la papelería Kakimori.

#18

BEBER UN ZUMO DE *YUZU* **EN EL MUSEO NEZU**

Existen micro placeres que te alegran el día. Por ejemplo, ir a Minato en el Museo Nezu (museo de arte tradicional), pasar por delante del biombo de bambúes y bordear el camino de guijarros, comprar la entrada para entrar en el museo, cruzar las salas expositivas, abrir la puerta del Nezu Café, sentarse a la mesa con vistas al exuberante jardín japonés, pedir un zumo de *yuzu*, pegar la nariz contra el cristal y... disfrutar.

NEZU MUSEUM
6-5-1 MINAMI-AOYAMA
MINATO-KU

東京都港区南青山6-5-1

+81 3-3400-2536

Es necesario pagar la entrada al Museo Nezu para tener acceso a este salón de té

のんべい横
2F

みや

#19

MINI CALLE **MAXI BORRACHERA**

No, ahí no, allá. Porque claro, vas a oír hablar por todas partes del famoso Golden Gai, ese barrio popular lleno de bares conocido como el "barrio de la sed". Pero nosotros te hablamos del "callejón de los borrachos", mucho más discreto, justo detrás de las vías del tren de Shibuya, reconocible por las guirnaldas de farolillos que cuelgan en la entrada. Un callejón con minúsculos bares que venden *sake*. Nuestro favorito: el que está al final de la calle, lleno de grafitis, al que se accede por una escalerita, donde no caben más que cuatro clientes y que también es un karaoke. Pregúntale al dueño, a él también le gusta cantar. Tu estado al salir: alegre y tambaleándote.

SHIBUYA NONBEI YOKOCHO
1-25 SHIBUYA
SHIBUYA-KU

東京都渋谷区渋谷一丁目25

Ideal para después de cenar

#20

UN DESCANSO DEL AJETREO DE LA VIDA URBANA

¿Pescar en medio de una ciudad de 14 millones de habitantes? En Tokio se puede, y el Ichigaya Fish Center es probablemente uno de los mejores sitios de la capital nipona para disfrutar de un momento de paz y tranquilidad mientras tientas a los peces. Escondido entre rascacielos y vías de tren, este lugar lleva desde 1950 ofreciendo a los tokiotas un descanso del ajetreo de la vida urbana.

Cuenta con dos estanques: uno grande para expertos y otro más pequeño para niños y principiantes. Las sesiones de pesca se cobran por horas, pero, dato importante, hay que soltar a los peces. No se trata de pescar tu próximo almuerzo, sino de relajarte y empaparte del ambiente del lugar.

ICHIGAYA FISH CENTER
1-CHŌME-1 ICHIGAYATAMACHI
SHINJUKU CITY

東京都新宿区市谷田町１－１

ichigaya-fc.com

© PIERRE MUSTIÈRE

#21

PASAR UNAS HORAS EN **EL HOTEL DEL AMOR**

¿Has conocido a alguien especial en las calles de Tokio y tu hotel está demasiado lejos? Creados en los años 1950, cuando el tamaño de los apartamentos no ofrecía la intimidad necesaria, los Love Hotels son la solución perfecta. Hay cientos de ellos en la ciudad, adaptados a todos los gustos y necesidades. Como su nombre indica, están diseñados para disfrutar del amor.

Today, almost every Love Hotel offers an automated check-in for greater discretion, you'll find all kinds of sex toys, and many of the rooms have themes so you can live out your fantasies: classroom, Santa Claus, UFO, etc. Stay just for a few hours or spend the whole night.

Hoy en día, casi todos los Love Hotels tienen un chek-in automatizado para una mayor discreción, cuentan con una gran variedad de juguetes sexuales y muchas habitaciones están tematizadas para que puedas vivir tus fantasías: sala de colegio, Papá Noel, OVNI, entre otras cosas. Puedes quedar solo unas horas o toda la noche.

LOVE HOTELS

Más información y una selección de Love Hotels en matcha-jp.com/en/12470

22

PASAR UNA NOCHE **EN EL VIEJO TOKIO**

... y despertarse en un tatami. Saludar a tus vecinos y pasear en bici por las pequeñas calles del barrio: es una inmersión en la vida local que propone Hanare, una especie de casa de huéspedes, hotel y albergue tradicional a la vez, ubicado en el tranquilo barrio de Yanaka.

El hotel Hanare, en resumen, es toda la ciudad: compartes los mismos lugares que frecuentan los habitantes del barrio. Te despiertas en una habitación al principio de una calle y desayunas en la otra punta, y luego cambias de calle para ir al *sento* (baño público). Por la noche, te calzas las *getas*, esas famosas sandalias japonesas de madera, y entras en tu habitación completamente vacía para colocar tú mismo el edredón y el futón en el *tatami*. Venga, apaga la luz, ¡buenas noches!

HANARE
HAGISO, 3-10-25 YANAKA
TAITO-KU

東京都台東区谷中3-10-25
HAGISO

+81 3-5834-7301
hanare.hagiso.jp/en

Habitación a unos 20 000 yenes

#23

ESCUCHAR MÚSICA CLÁSICA EN UN **BAR DE LOS AÑOS 1950**

El Lion Café es uno de los lugares más mágicos de Tokio situado en medio del caos y los *sex-shops* de Shibuya. La gente viene aquí a escuchar música clásica en un ambiente realmente atemporal, tomando café o leche de fresa frente a un busto de Beethoven y altavoces de madera de casi 3 metros de altura. Una auténtica joya.

Para disfrutar al máximo de este ambiente excepcional, haz como los demás clientes: cierra los ojos, escucha y disfruta.

Inaugurado en 1923, el Lion Café (oficialmente Meikyoku Lioin Café; *meikyoku* significa obra maestra) se reconstruyó en 1950, después de la guerra, cuando tener una equipo de alta fidelidad en casa era todavía un lujo impensable. Para relajarse y disfrutar de la música, la gente iba a cafés especializados, y el Lion es uno de los últimos ejemplos que quedan.

LION CAFÉ
2 CHOME-19-13 DOGENZAKA
SHIBUYA CITY

東京都渋谷区道玄坂2-19-13

+81 3-3461-6858

lion.main.jp

#24

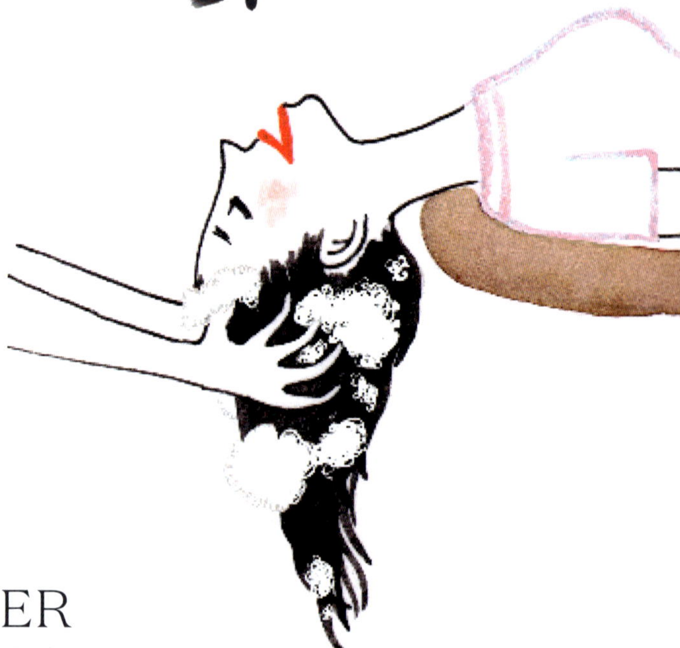

HACER
UN *HEAD SPA*
3 SALONES DE BELLEZA

En Japón, el masaje craneal es un ritual que los japoneses practican con regularidad para relajarse tras un día largo. ¿Dónde? En los *head spas*, lugares especializados en el cuidado del cabello y de la cabeza. Te hemos seleccionado tres locales donde puedes darte un masaje craneal que te lleve al séptimo cielo.

> EL MÁS BONITO:

Es Ridicule. Sí, ese es el nombre de esta peluquería bohemia ubicada en un pequeño apartamento. La especialidad de la casa: el *head spa*, un masaje craneal delicioso.

RIDICULE
3-31-13 JINGUMAE
SHIBUYA-KU

東京都渋谷区神宮前3-31-13

+81 3-3478-7332
Reserva obligatoria

ridicule.jp

> EL QUE TE HACE FLOTAR:

Está un poco lejos (a 45 minutos), pero merece el desvío: Cocona es un *hair spa* donde te lavan el pelo, te dan un masaje capilar y te peinan mientras te meces en una hamaca...

COCONA
3-16-1 KOENJI-KITA
SUGINAMI-KU, 2F,3F

東京都杉並区高円寺北3-16-1
田中ビル2.3階

+81 3-5356-6543
Reserva obligatoria

salon-cocona.com

> EL MÁS PUNTERO:

En Uka, te hacen primero un diagnóstico avanzado de tu pelo y de tu cráneo, luego pasas a una salita donde se ocupan de ti: según el momento del día, eliges un champú para dormir (Nighty night) a base de camomila, lavanda, romero, o para despertarte (Wake up) a base menta picante. Luego te lavan el pelo mientras lo masajean, alternando presiones fuertes y suaves en los puntos energéticos del cráneo y de la parte alta de la nuca. Después lo envuelven en una servilleta caliente, lo peinan y lo secan. 45 minutos más tarde sales como si estuvieras flotando en una nube.

UKA TOKYO MIDTOWN,
9-7-4 AKASAKA, MINATO-KU
GALLERIA 2F

東京都港区赤坂9-7-4 東京ミッドタウン ガレリア2F

+81 3-5413-7236
Reserva obligatoria

uka.co.jp/salons/midtown/

EL PELUQUERO COCONA

#25

POSTULAR **PARA UN RESTAURANTE**

Este restaurante hay que merecérselo: para cenar en Bohemian tienes que enviar una "carta de motivación" o conocer a alguien que conoce a alguien que conoce a alguien...

Y es que no es de extrañar. Solo hay dos mesas y Kazu, el chef, es un iluminado de la cocina: ha estado en Burning Man, y su obsesión es cocinar en los lugares más locos del mundo.

Pescados de temporada, pimientos, maíz, moluscos, champiñones, brochetas... Kazu cocina todo al fuego, según la tradición de los pescadores de Hokkaido que cocinaban en sus barcos. Te sientas alrededor de un *irori*, esa mesa tradicional con un agujero en medio para el fuego, con los pies descalzos que masajeas con unas pequeñas canicas, y la ceremonia puede empezar.

Venga, vamos a echarte una mano... aquí tienes el correo electrónico para que envíes tu carta de motivación: kazu@playearth.jp

BOHEMIAN SECRET

Envía una carta de motivación a kazu@playearth.jp

#26

COMER

EL MEJOR BOCADILLO DE TU VIDA

Es el bocadillo más caro de Tokio, pero lo recordarás para siempre. Bienvenido al Club Wagyumafia.

Aquí encontrarás sándwiches elaborados con wagyu, carne japonesa (una de las mejores del mundo) que se deshace en la boca como si fuera caramelo. Cortada en dados para una presentación cautivadora, la carne se reboza en panko y se sirve con una salsa secreta.

Enmarcada por dos rebanadas de pan brioche japonés, te mirará desde su trono porque sabe que nunca la olvidarás.

WAGYUMAFIA
THE CUTLET SANDWICH
1 CHOME-26-1-108 KAMIMEGURO
MEGURO-KU

東京都目黒区上目黒1-26-1
中目黒アトラスタワー 1F

exploretock.com/wagyumafiathecutletsandwich

"RENÉ MAGRITTE DINNER FOR DELVAUX" 2015
© MASAYUKI SAITO

#27

COMER **ARTE**

No se conoce ni la dirección ni a los comensales. Hasta el último minuto no se sabe lo que va a pasar. La única cosa que se sabe es que la velada va a ser memorable. La misteriosa Ayako Suwa es una artista de *performance* que organiza "restaurantes guerrilla" en Tokio donde los invitados viven experiencias culinarias únicas. Lo nunca comido.

Te toca a ti encontrar la manera de estar en la lista de los potenciales invitados.

FOOD CREATION

foodcreation.jp/en

"TASTE OF PHOTOGRAPHY" 2015
© NAOHIRO UDAGAWA

"TASTE OF LUNASOL" 2015

- AYAKO SUWA -

ARTISTA CULINARIA

CRÉDITOS: ITTETSU MATSUOKA

La artista Ayako Suwa ha trabajado para Dior, para Agnès B, para museos contemporáneos y con grandes chefs. Su obsesión: plasmar en sabores el sabor de las emociones. Ha creado el sabor a ansiedad mezclada lentamente con el del terror, el de la culpabilidad, el del orgullo, el de la melancolía... Ayako hace de la cocina una experiencia de vida profunda.

¿Cuándo nacieron sus ganas de abrir un "restaurante guerrilla"?

A los 4 años de edad. Crecí rodeada de naturaleza, la cual me aterraba y atraía a la vez. Las medusas en el mar, los insectos en las flores: todo me fascinaba. De repente, había montado un "restaurante guerrilla": jugaba a las comiditas usando insectos muertos, el polen, las flores, y me inventaba amigos más jóvenes que yo que comían de todo sin saber lo que era...

> ***Comemos para vivir, probamos para evolucionar***

¿Qué le mueve en sus inspiraciones?

El deseo, la curiosidad y las ganas de comer. Me gusta preguntarme cuando me cruzo con gente en la calle lo que comen, cómo viven, etc.

¿Cuál es su último descubrimiento?

Ha sido en el mar, unas algas que no había visto nunca, con una forma extraña. De hecho, en un alimento no busco el buen sabor, sino la sorpresa.

¿Cómo funciona un "restaurante guerrilla"?

Desde que llega, el comensal está inmerso en un universo especial. Cuando se sienta a la mesa tiene que respetar unas reglas:

- cerrar los ojos;
- comer con las manos;
- de un solo bocado;
- al mismo tiempo que los demás comensales. Para compartir la misma sensación.

¿Y cómo se imagina sus "restaurantes guerrilla" antes de crearlos?

Un poco como una ceremonia. Mis camareros son artistas a quienes doy un papel e incluso un personaje. La pregunta que me hago cada vez es: ¿cómo expresar de la mejor manera el sabor de esta experiencia? ¿Cómo dejar huella en los comensales para que se marchen con un recuerdo fuerte?

Solo me gusta comer lo que es raro

"JOURNEY ON THE TABLE WITH VVG TAIPEI" 2012
CRÉDITOS: VVG

HOSHINOYA KARUIZAWA,
KITASAKU-GUN, NAGANO, 389-0194

長野県北佐久郡軽井沢町長倉
2148

Solo para las ocasiones excepcionales porque es muy caro
Desde 52 000 yenes la noche

+81 50-3786-1144
Reserva obligatoria

hoshinoya.com/karuizawa/en/

#28

SALIR DE LA CIUDAD PARA **PASAR UNA NOCHE MÁGICA**

3 *RYOKANS* FUERA DE TOKIO

> UN *RYOKAN* DE LUJO

Por una noche, aléjate de la fauna tokiota para descubrir un lugar de ensueño, como sacado de una película de Miyazaki: el hotel Hoshinoya en Karuizawa, un gran *ryokan*, su tranquilo *onsen*, sus caminos de piedra y sus pequeñas pagodas de madera en pleno bosque. Todas las pagodas están situadas alrededor de un lago y, cuando cae la noche, una barca se desliza bajo tu ventana para encender las decenas de linternas flotantes que iluminan la noche como luciérnagas. En cada pagoda, las habitaciones tienen baño privado, pero también puedes subir hasta el Meditation Bath, un baño caliente situado en una habitación con luz tenue.

A 1 hora de Tokio en Shinkansen

¿QUÉ ES UN *RYOKAN*?

Es un albergue tradicional japonés, con los materiales típicos (madera, bambú, papel de arroz, *tatami*) y mobiliario minimalista (mesas bajas, puertas correderas, futones) que cambian de sitio durante el día, ya que las habitaciones son el salón y el cuarto de dormir a la vez. Hay pocos en Tokio, muchos más en Kioto y en las zonas rurales japonesas.

HOSHINOYA KARUIZAWA

> UN BAÑO PRIVADO EN LA MONTAÑA

Con las vistas panorámicas de la habitación que da al mar, el *ryokan* Kazekomichi está en la magnífica ciudad de Atami, con sus palmeras y su costa.

El mejor momento para disfrutar de las vistas es por la mañana, tomando un baño caliente en la bañera privada de la terraza de tu habitación, mientras miras cómo sale el sol sobre el mar.

A 30 minutos de Tokio en Shinkansen

WATEI-KAZEKOMICHI
28-18 BAIEN-CHO, ATAMI
SHIZUOKA

静岡県熱海市梅園町28-18

Desde 38 000 yenes para dos	contact@kazekomichi.jp	kazekomichi.jp/en/

EL DISCRETO ENCANTO DEL SHINKANSEN

En Japón, los paisajes son tan bonitos que el viaje en tren merece el destino. Para salir de Tokio, puedes tomar los pequeños trenes regionales o si quieres ganar tiempo, el Shinkansen (tren de alta velocidad japonés).

Antes de subir al tren en la estación de Tokio elige tu *bento* para llevar en Ekibenya Matsuri (en el vestíbulo de la estación) y saboréalo mientras miras el paisaje que desfila ante tus ojos.

> EL MEJOR *ONSEN* DE JAPÓN

En la ciudad de Kutsasu, el Kutsasu Onsen ha sido elegido el mejor *onsen* de Japón, principalmente por la calidad terapéutica de sus aguas, pero también por la belleza de sus manantiales de agua caliente que se cruzan en plena ciudad para formar pequeños ríos. Pasa el día en este *onsen* y duerme en el hotel Boun.

En Shinkansen + tren local, unas 2 horas y media

KUSATSU ONSEN BOUN
433-1 KUSATSU-MACHI,
AGATSUMA-GUN, GUNMA

群馬県吾妻郡草津町433-1

Desde 30 000 para dos	+81 279-88-3251	hotelboun.com

628
629
632
631
630
629
606
605
604
603

#29

DORMIR EN **UN HOTEL CÁPSULA**

Tokio rebosa de hoteles cápsula, diseñados para optimizar el espacio ofreciendo camas-cápsula situadas las unas junto a las otras, en vez de habitaciones. Claustrofóbicos abstenerse. Nuestro favorito, el Nine Hours, donde los clientes solo pasan "9 horas": las horas necesarias de sueño, o incluso algo más. Se parece a una estación espacial intergaláctica, con toda la clase y la tecnología que tanto envidiamos de Japón: despertador luminoso, almohadas ergonómicas, zapatillas y pijamas incluidos.

CRÉDITOS: 9 HOURS

9HOURS
3F-8F 1-4-15 HYAKUNINCHO
SHINJUKU-KU, 169-0073

東京都新宿区百人町1-4-15 ナインアワーズ北新宿ビル3-8F

Desde 5 000 yenes	+81 3-5291-7337	ninehours.co.jp/en

#30

EL MUSEO **MÁS LOCO**

De una de las creaciones de teamLab ya te hemos hablado, pero lo han vuelto a hacer, así que no podemos no incluir, de última hora, su nuevo y alucinante proyecto. Esta vez han abierto el Mori Building Digital Art, un museo único en el mundo: los visitantes no ven dos veces lo mismo. ¿Por qué? Porque las obras están vivas y reaccionan en vivo cuando entran en contacto con los espectadores, con la ayuda de medio millar de proyectores y de ordenadores: aquí, una cascada que desciende rápidamente por una pared, allí, un paseo por un bosque de lámparas o bordeando un arrozal virtual. ¿Su finalidad? Mostrar que el mundo no tiene límites. Objetivo conseguido.

MORI Building DIGITAL ART MUSEUM: teamLab Borderless
ODAIBA PALETTE TOWN, 1-3-8 AOMI, KOTO-KU

東京都江東区青海1-3-8 お台場パレットタウン

+81 3-6406-3949

Comprar las entradas:
ticket.teamlab.art

MORI BUILDING DIGITAL ART
MUSEUM: TEAMLAB BORDERLESS

AGRADECIMIENTOS A:

AURÉLIE R por ser la primera en enseñarle Tokio a Fany.

IKUMI por haberla seguido en todas sus peregrinaciones y por las 1 001 llamadas improbables que ha hecho para nosotras.

IWONKA por descubrir tesoros de lugares, por explorar sitios descabellados, por conseguir encajar "círculos dentro de cuadrados", y por los ataques de risa post *sake*.

AKO por habernos presentado a un montón de gente increíble y por haber traducido nuestras conversaciones más locas.

OUSSAMA por haber hecho el gamberro con nosotros en Japón.

KANAKO, AURÉLIE S Y FABIAN por haber plasmado el alma de esta ciudad en imágenes y dibujos.

THOMAS J nuestro líder de expedición.

Este libro es obra de:

Fany y Amandine Péchiodat,

Cofundadoras de My Little París, autoras

Iwonka Bancerek,

Coautora y bloguera de viajes, síguela en @toteone

Kanako Kuno, ilustradora

Fabian Parkes, fotógrafo

Aurélie Saint-Martin, dirección artística y diseño de la maqueta

Emmanuelle Willard Toulemonde, diseño

Clémence Mathé y Morgane De Wulf, edición

Patricia Peyrelongue, traducción

Milka Kiatipoff, revisión de estilo

Anahí Fernández, revisión de textos

Escríbenos a info@editorialjonglez.com

Síguenos en Instagram: @editorialjonglez

De la misma editorial

Atlas

Atlas de climas extremos
Atlas de las curiosidades geográficas
Atlas de los vinos insólitos
Atlas de lugares abandonados

Libros de fotografía

Cines abandonados en el mundo
Destino bienestar - Nuestros 35 mejores lugares del mundo donde darse un respiro
España abandonada
Estados Unidos abandonado
Iglesias abandonados - Lugares de culto en ruinas
Japón abandonado
Lugares abandonados - Descubrimientos insólitos de un patrimonio olvidado
Lugares sagrados secretos
Patrimonio abandonado
Venecia desde el cielo
Venecia desierta

In inglés
Abandoned Asylyms
Abandoned Australia
Abandoned Belgium
Abandoned France
Abandoned Italy
Abandoned Lebanon
Abandoned USSR
Abandoned world - An AI-generated exploration
After the final curtain - The fall of the American movie theater
After the final curtain - America's abandoned theaters
Baikonur - Vestiges of the Soviet space programme
Chernobyl's atomic legacy - 25 years after disaster
Clickbait - A visual journey through AI-generated stories
Forbidden France
Forbidden Places – Vol. 1
Forbidden Places – Vol. 2
Forbidden Places – Vol. 3
Forgotten Heritage

Guías de las mejores experiencias

Ámsterdam
Barcelona
Bruselas
Kioto
Lisboa
Marsella
Milán
París
Venecia
Soul of Atenas
Soul of Berlín
Soul of Los Ángeles
Soul of Marrakech
Soul of Nueva York
Soul of Roma

Guías insólitas y secretas

Ámsterdam insólita y secreta
Barcelona insólita y secreta
Berlín insólito y secreto
Bruselas insólita y secreta
Buenos Aires insólita y secreta
Cádiz insólita y secreta
Ciudad de Mexico insólita y secreta
Costa Azul insólita y secreta
Estambul insólita y secreta
Florencia insólita y secreta
Granada insólita y secreta
Lisboa insólita y secreta
Londres insólita y secreta
Los Ángeles insólita y secreta
Madrid insólita y secreta
Milán insólita y secreta
Nueva York insólita y secreta
París insólita y secreta
Praga insólita y secreta
Rio insólita y secreta
Roma insólita y secreta
Santiago insólito y secreto
Sevilla insólita y secreta
Tokio insólita y secreta
Venecia insólita y secreta
Viena insólita y secreta

In inglés
Secret Bali – An unusual guide
Secret Bangkok
Secret Belfast
Secret Boston – An unusual guide
Secret Brighton – An unusual guide
Secret Brooklyn
Secret Budapest
Secret Campania
Secret Cape Town
Secret Copenhagen
Secret Corsica
Secret Dolomites
Secret Dublin – An unusual guide
Secret Edinburgh – An unusual guide
Secret Geneva
Secret Glasgow
Secret Granada
Secret Helsinki
Secret Johannesburg
Secret Liverpool – An unusual guide
Secret London – Unusual bars & restaurants
Secret Louisiana – An unusual guide
Secret Montreal – An unusual guide
Secret Naples
Secret New Orleans
Secret New York – An unusual guide
Secret New York – Curious activities
Secret New York – Hidden bars & restaurants
Secret Provence
Secret Singapore
Secret Stockholm
Secret Sussex – An unusual guide
Secret Tuscany
Secret Washington D.C.
Secret York - An unusual guide

Depósito legal: Febrero 2025 - Edición : 02
ISBN: 978-2-36195-458-1
Impreso en Eslovaquia por Polygraf